AF299460

M. D. TH. RÉGÈRE

Ex-Maire du Panthéon (Vᵉ arrondissement)

ET MEMBRE DE LA COMMUNE

NOTES JUSTIFICATIVES

Par Mᵐᵉˢ RÉGÈRE, sa mère et sa femme

Lettres de M. Régère

A MM. H. BOULEY, Membre de l'Institut ;

      A. THIERS, Membre de l'Académie ;

A Mᵐᵉˢ ***, 193, rue Saint-Jacques ;

A MM. SANSAS, Avocat, Membre de l'Assemblée nationale ;

      Emile FOURCAND, Maire de Bordeaux, Membre de l'Assemblée nationale ;

      A. REY, ancien Peprésentant du peuple, directeur de la *Nation souveraine*.

      DUPONT de BUSSAC, Avocat, ancien Représentant du peuple.

A ses fils, GASTON et GONTRAN RÉGÈRE.

Lettre de M. JULLIEN, recteur honoraire, ancien proviseur de Louis-le-Grand.

AUX HONNÊTES GENS DE TOUTES LES OPINIONS

On permettra à une vielle femme qui a quitté à soixante-quinze ans une retraite éloignée pour venir embrasser son fils unique, calomnié et prisonnier, de dire quelques mots en faveur de M. D. Th. RÉGÈRE.

Témoin de sa vie déjà longue, elle vient attester que, s'il n'est pas de fils plus respectueux et plus affectionné, il est peu d'hommes qui portent à un pareil degré le sentiment des devoirs de famille et l'amour pour celle, si nombreuse, dont il est aujourd'hui le chef.

Comme citoyen, l'existence de mon fils se caractérise d'un trait : c'est le dévouement absolu, invariable à des opinions auxquelles il a sacrifié repos, position, fortune, sans *jamais leur avoir rien demandé* alors qu'elles arrivaient à triompher.

Proscrit du coup d'Etat pour avoir fondé à Bordeaux, en 1848, le premier journal démocratique ; il s'était ensuite retiré à Labrène, éloigné de toute politique mixte, ne cherchant qu'à se faire oublier, vivant dans l'étude, et dans l'abstention complète ; se refusant à reconnaître l'empire, même pour le combattre.

Des amitiés politiques l'ont, au dernier moment, arraché à son studieux repos et, dans leur intérêt personnel, l'ont fait manquer au serment qu'il s'était fait à lui-même.

J'ai su d'ailleurs que, fidèle à ses idées, il avait refusé les fonctions que la Commune offrait de lui conférer pour s'en tenir, à cause du bien qu'il y pouvait faire, aux attributions de maire du Panthéon qui lui avaient été conférées par une immense majorité, dans l'arrondissement qu'il a longtemps habité.

C'est le sentiment du devoir et non l'ambition qui ramena M. Régère à Paris en juin 1870.

S'il n'eût consulté que les intérêts d'ambition, il fut resté dans son département

Et si on le voyait aujourd'hui à Versailles, ce serait sans doute sur d'autres bancs où la Gironde vient d'envoyer tous ses amis politiques et ses coproscrits de 1851.

M. Régère a élevé ses quatre fils dans les meilleurs senti-ments du citoyen et du chrétien. L'aîné, un brave soldat, com-mandant du 248e bataillon, a dignement fait son devoir à Mentana, à Sedan, à Paris. Notre nom modeste, honnêtement porté depuis quatre siècles, dans la Gironde, ne sera pas terni dans la personne de ceux qui le portent aujourd'hui,

MARIE RÉGÈRE, mère.

Paris, 5 août 1871.

M. Régère, mon mari, tenu au secret depuis deux mois, a ignoré tout le bruit qui a été fait autour de son nom, à peu près inconnu à Paris en dehors de son arrondissement.

Sûr de ces actes, il se refuse à démentir, en dehors des dé-bats, les énormités dont on l'a accusé dans la presse et n'y veut même pas croire.

Il nous appartient à nous qui avons pu apprécier des accusa-tions anonymes et sans base, de détruire ces indignités calcu-lées, qui, après avoir égaré l'opinion publique, pourraient exer-cer une action sur l'impartialité des juges.

De prétendus biographes, qui ne savent rien de M. Régère et dont chaque ligne est une erreur, ont présenté mon mari sous un aspect qu'ils veulent rendre odieux ; — les journaux n'ont été ni plus justes ni mieux renseignés.

Après l'avoir dit mort, fusillé, exhumé, on l'a dépeint, et c'é-tait plus perfide, comme désespéré dans sa prison et se brisant la tête contre les murs. Ceux qui ont pu approcher de M. Ré-gère savent que son calme ne s'est pas un seul instant démenti, qu'il ne pouvait avoir nulle inquiétude sur son fils qu'il avait réussi à sauvegarder, sans vouloir l'accompagner à l'étranger, bien qu'il en eût tous les moyens.

Quelques feuilles même, appartenant à cette presse qui n'est pas sérieuse, et qui est encore moins honnête, sont allées jusqu'à inventer des *ordres* indignes qu'on faisait recevoir ou signer par M. Régère, et dont pas une trace ne s'est retrouvée à l'instruction.

Le *Figaro* surtout se signale par des attaques aussi acharnées qu'elles sont inexplicables et peu fondées. M. Régère ignore absolument la personne qui s'est fait une place dans le petit journalisme, sous le.... nom de M. H. de Villemessant.

Lorsque, il y a vingt ans, ce Monsieur était, à Paris, courtier d'annonces et faiseur d'affaires, M. Régère était déjà retiré à cent cinquante lieues de la politique.

Ils n'ont jamais dû se rencontrer.

Mais M. Régère a fondé, en 1848, et rédigé la *Tribune de la Gironde*, dont l'action est maintenant considérable.

Il a pu, dans les lettres d'alors, froisser involontairement des individualités influentes aujourd'hui et fort riches.

Cette *grande fortune* pourrait donner la clef des attaques cyniques dont mon mari est l'objet au *Figaro ;* attaques qui, en raison de leur exagération maladroite, manquent absolument leur but.

Aujourd'hui ces mêmes feuilles à scandale, jugeant les réquisitoires insuffisants et faibles, viennent en aide à l'accusation et découvrent ou inventent des témoins qu'elle n'a pas su trouver. Au besoin elles les paieraient, car tout cela pousse à la vente.

Et la conscience publique s'indigne de ces coups portés par derrière à des hommes désarmés, à des prévenus que leur position protége d'habitude dans tous les pays civilisés.

Le grand jour des débats va repousser dans l'ombre ces sombres et vénéneuses inventions. Mais l'opinion est égarée, les témoins intimidés peut être ; — c'était notre devoir d'opposer à un courant habilement grossi, notre faible protestation, qui n'a d'autre appui que la vérité même.

Et comme les documents nous manquent à l'égard de faits qui

se sont passés loin de nous, nous avons simplement recueilli quelques lettres, adressées depuis deux mois par M. Régère à divers de ses amis.

Ces lettres, comme l'indique leur forme plus légère que ne semble le comporter la situation, avaient un caractère d'intimité qu'il nous paraît utile de violer, dans l'intérêt de M. Régère, de notre nom et de mes fils, — et pour l'honneur même d'une immense population qu'on ne peut pas séparer de ceux qu'elle a élus.

C'est tout ce que nous pouvons faire en ce moment, et, devant les débats qui s'ouvrent, il ne nous reste qu'à en appeler à l'opinion, à l'apaisement des haines, à la justice des hommes, et à *celui* qui juge les juges eux-mêmes.

MARIE BERTHAU,
femme de Th. Régère.

Paris, 10 août.

A M. HENRY BOULEY

Membre de l'Institut, Officier de la Légion d'honneur.

Mon Cher Bouley,

Notre amitié de quarante ans, qui a vu quatre ou cinq révolutions, n'en est pas à une de plus ou de moins. Elle ne rompra pas ses liens parce que j'ai été maire du Panthéon et membre de cette sixième classe de l'Institut qu'on appelait la *Commune* ; (section des sciences sociales, internationales et anti-gouvernementales.)

Je vous ai prouvé que la mienne dominait les vicissitudes politiques en allant, — au mépris de mes plus saints devoirs et aussi de toutes les convenances parisiennes, — vous faire cette trop matinale visite qui vous a permis, vous le correspondant de Versailles, d'échapper à la destinée des ôtages. Sort à jamais déplorable, qui a frappé un autre ami à moi, aussi cher que vous me l'êtes vous-même !

Aujourd'hui que l'Institut est le gouvernement ; que l'Académie règne et gouverne, vous êtes sans doute une puissance ; venez me voir au Dépôt. Mon juge d'instruction, M. Math, de Vienne, est un homme charmant ; je ne suis nullement au sécret, puisqu'on me permet d'écrire et vous êtes toujours sûr *de me rencontrer.*

Si pourtant notre entretien était refusé, comme dangereux pour la sûreté de l'Etat, envoyez-moi quelques livres de science ; l'oisiveté, le *spleen* sont entrain de me tuer et, dans l'intérêt de la morale, il serait regrettable de me voir échapper par cette tangente à l'expiation de tous les crimes que l'on me reproche.

Ce ne sont pas là, allez-vous me dire, des réflexions à la Sylvio-Pellico, et cela ne rappelle que de fort loin le profond désespoir dans lequel on me prétend plongé.

Hélas ! je suis bien forcé d'avouer, malgré les assertions du *Figaro* et autres moniteurs du boulevard, que je ne me heurte nullement le front contre les murs ; — et, en fait de remords, la paille humide des cachots ne m'a encore inspiré... qu'un violent rhumatisme.

Cela peut tenir à mon endurcissement ; ou peut-être à ce que ma conscience est absolument tranquille.

En réalité, mes actes diront que j'ai fait quelque bien et empêché beaucoup de mal

Je n'appartenais ni à cette terrible fédération qui a fait le 18 mars ; — ni *en fait* à cette Internationale, que l'on croit, à tort, plus terrible encore.

Je ne suis ni communiste, ni mutualiste, ni positiviste, mais simplement individualiste très convaincu. Pourtant je suis sectaire à ma façon ; j'appartiens aux démocrates-catholiques ; mais cette secte offre d'autant moins de dangers que, depuis l'abdication d'Arnaud, de l'Arriège, j'en suis à la fois le chef et le disciple.

Je tiens qu'elle a pour elle la grande majorité du pays et un avenir prochain, — auquel vous ne croyez pas, affreux savant, horrible sceptique que vous êtes ! Pour moi, plus j'ai fouillé la science, plus je suis devenu chrétien et croyant ; et j'ai pleuré de joie en assistant à la première communion de mon fils Gaston à Saint-Etienne-du-Mont, — au moment même où les gens de Versailles entraient dans le jardin du Luxembourg.

Inutile de vous dire que mes actions sont restées d'accord avec mes sentimens. Dans mon arrondissement tous les intérêts, *même* les intérêts religieux, ont été respectés, et, s'il y avait une justice on m'eût traité comme mon vieil ami Ch. Beslay. Je ne peux, d'ailleurs, ni ne veux le demander à mes amis du 4 Septembre ; j'ai rendu des services à quelques-uns ; j'ai bien peur qu'ils ne restent mes obligés.

Si, comme c'est probable, je figure aux débats, et, bien qu'à la Commune j'aie été constamment une individualité très-isolée, je ne me séparerai pas de mes collègues, parmi lesquels, à part deux ou trois fous, je n'ai trouvé que des hommes intelligents, et de nobles cœurs.

Dans ces conditions, faites, mon cher Bouley, ce que vous jugerez utile,

Et conservez-moi votre bonne amitié,

D. TH. RÉGÈRE.

Dépôt de la Préfecture, 29 juin 1871.

A M. E. FOURCAND

Membre de l'Assemblée nationale, maire de Bordeaux

J'ai appris l'intérêt que ma situation personnelle inspire dans la Gironde, et vous remercie, mon cher compatriote, de m'en avoir fait parvenir l'expression.

Mes actes, que vous allez connaître par les débats, impliquent ma mise hors de cause. Ils prouveront à mon pays qu'en dépit de calomnies indignes ; je n'ai pas, un seul instant, démenti ses sentiments de générosité et de patriotisme. Pas une voix ne s'élèvera contre moi dans cet arrondissement que jai protégé par une sollicitude de toutes les heures, et que j'ai eu le bonheur immense de préserver des catastrophes finales. Au contraire, je serai couvert par les témoignages les plus honorables qui, de tous les côtés politiques, se viennent spontanément offrir.

A cet égard, je n'ai même pas à me défendre. Mais faut-il abandonner mes collègues et cette assemblée où j'ai eu d'ailleurs peu d'action, absorbé que j'étais par mes fonctions de maire, dans un vaste arrondissement ?

Je tiens comme un devoir de défendre cette Commune, si incomprise, si profondément calomniée.

Je sais, en acceptant cette solidarité que je pouvais décliner , combien ma situation s'en aggrave.

J'ai pesé les conséquences de cet acte de ma vie.

Mais je ne serais pas l'enfant de Bordeaux, je n'aurais pas dans les veines une quantité de ce sang Girondin, si j'hésitais à défendre, aux yeux de tous, l'Assemblée où m'avaient envoyé de libres et nombreux suffrages.

S'il m'en arrive malheur, je recommande mes jeunes enfants

à mon pays, et les place sous sa tutelle: je les laisse presque pauvres. J'ai l'espoir que les sympathies de mes amis, que les vôtres, mon cher Maire, ne leur feront jamais défaut.

Agréez mes sentiments de profonde affection,

D. TH. RÉGÈRE,

ex–Maire du 5e arrondissement de Paris,
membre de la Commune.

Prison de Versailles, 29 juillet 1871.

AUX DAMES ***

193 , rue Saint-Jacques , Paris.

Chères dames,

Je suis profondément touché de toutes les marques de sympathie, de toutes les bontés dont vous me comblez; c'est bien plus que ne méritent les faibles services que j'ai été appelé à vous rendre comme maire du Panthéon.

Aussi, bien que vous ayez suivi de loin ma carrière et mes actes, — en présence des indignités que l'on imprime contre moi, — je crois devoir vous les faire mieux connaître, ne fut-ce que pour établir que je ne suis pas indigne de l'intérêt que vous me manifestez.

Lisez donc les notes que je vous adresse avec la certitude qu'elles ne contiennent pas un mot en dehors de la stricte vérité,

Et agréez l'expression de mes plus respectueux sentiments,

D. TH. RÉGÈRE.

MES ACTES DURANT DEUX MOIS

Chères dames,

Bien que vous ayez suivi d'assez près l'action qu'au milieu de tant d'obstacles je m'efforçais d'exercer, j'ai besoin de vous faire connaître avec plus de précision les actes accomplis dans cette période de labeurs et de trouble, et surtout la manière dont elle s'est terminée, qui n'est connue que d'un bien petit nombre de personnes.

Je n'ai pas accepté sans hésitation le périlleux honneur d'être, en de pareils temps, maire du Panthéon. J'avais refusé (M. Dupont de Bussac, président de l'Union électorale, le sait) de me laisser porter à l'Assemblée de Bordeaux. Mais on connaissait mes relations, mes sentiments, on savait que je ne séparais pas ma foi religieuse de ma foi politique. On pensait que je serais nommé facilement dans un quartier que j'ai habité dix ans et où j'ai rendu des services durant le premier siége ; de plus, il y avait des devoirs à remplir, de grands intérêts à sauvegarder. Des hommes que je respecte et dont l'opinion devait faire fléchir la mienne, m'imposèrent cette mission. Mes papiers saisis me fourniront la preuve ; on y trouvera même un billet d'un homme éminent auquel j'avais été assez heureux pour rendre un léger service en octobre dernier, je veux dire celui qui représente en France, le chef auguste de notre religion.

J'acceptai donc le titre de maire provisoire le 22 avril et, quatre jours plus tard, le 26, sans que j'aie sollicité personne, ni posé aucune candidature, sept mille cinq cents voix m'associaient, dans une élection libre, aux destinées du V⁰ arrondissement. Dieu voudra que ma famille, que mes trois jeunes enfants n'aient pas à souffrir soit dans l'honneur du nom, soit dans leur humble fortune, de la résolution qu'un sentiment de dévouement au devoir m'a fait adopter alors.

Vous avez vu, je crois, ceux qu'on m'avait associés; je n'ai pas à vous dire au prix de quelles luttes, au milieu de quels obstacles j'ai pu maintenir, dans l'arrondissement, une tranquillité relative. — Les intérêts ont été respectés. — Les pauvres, si nombreux, ont été secourus et nourris; jamais une seule demande n'est restée non satisfaite; avec des ressources plus qu'exiguës, la mairie a tout payé comptant et ne laisse pas de dettes.

Toutes les églises, malgré les empêchements de la préfecture de police, sont restées ouvertes à l'exercice du culte, à l'instruction des enfants, sauf celle qui nous avoisine, en faveur de laquelle, on le sait, j'ai constamment insisté. Les établissements religieux ont été l'objet de ma constante sollicitude. — Menacés, tourmentés, arrêtés plusieurs fois, les prêtres restés courageusement à leur poste ont trouvé en moi, un ami et un frère; constamment je les ai fait relâcher; j'ai lutté en leur faveur jusqu'à la compromission et maintenu leur droit à officier et à enseigner.

Les églises et couvents étaient spoliés au profit de la préfecture; tout ce que j'ai pu sauver des dépouilles a été par moi soigneusement caché dans un appartement isolé de la mairie dont un vieux et honnête garçon de bureau, Pontastier, avait seul le secret. On y trouvera des vases sacrés, des reliques, des chasubles, etc...

J'ai accordé tous les permis et sauf-conduits demandés, et j'ai ainsi abrité du danger beaucoup de prêtres et tout un couvent d'Issy.

Plusieurs fois j'ai envoyé à Versailles pour essayer de mettre un terme à cette lutte fratricide. Le secrétaire de l'Ecole de Droit a notamment été chargé par moi d'ouvrir les voies auprès de Mᵉ Vacherot.

A la Commune, l'*Officiel* en fait foi, j'ai fait en faveur des malheureux otages des efforts dont je déplorerai toute ma vie l'insuccès. — Je n'avais pu obtenir que les propositions d'échange que l'on sait.

Personnellement j'y étais estimé, mais peu influent, en ma qualité de Girondin et de modéré. J'ai d'ailleurs refusé de la Commune toute sorte d'emploi. Au début, j'avais été nommé aux finances ; je me démissionnais presque aussitôt, voulant me consacrer à mes seuls devoirs de Maire, où il y avait tant de bien à faire chaque jour, tant de mal à empêcher.

Quand approcha la fin de la lutte, je me confinai à la Mairie et cessai d'aller aux séances de l'Hôtel-de-Ville (si tant est qu'il y en eut) car je crois qu'elle avait cessé de vivre et d'agir comme corps délibérant. La force était retournée au *Comité central* à cette terrible fédération de la garde nationale qui avait fait le 18 mars et à laquelle je n'ai jamais appartenu, non plus qu'à l'Internationale.

Le mardi matin, devançant de deux jours par faveur spéciale de M. Gaultier de Claubry, mon fils Gaston faisait sa 1re communion à Saint-Etienne du Mont ; sa mère communiait avec lui. Mon fils aîné et moi, heureux de donner ce témoignage public de notre foi, au moment où le danger grandissait, assistions en uniforme à cette douce cérémonie qui a été ma dernière joie.....

En effet, l'armée de Versailles avançait rapidement et l'arrondissement était hérissé de barricades. — Nous avions promis de tenir trois jours en nous appuyant sur l'Hôtel de Ville. — Mais nous avions peu de troupes (nos bataillons étaient dehors) ; encore moins d'artillerie et de munitions.

Le mercredi, à 10 heures, au collége Sainte-Barbe, où mon fils, le communiant de la veille, était pensionnaire, j'apprenais que l'Hôtel de Ville était en flammes. Déjà les bombes pleuvaient sur les maisons avoisinant la mairie : — mon devoir était tracé.

Jugeant la prolongation de la lutte inutile et barbare, je réunis à la mairie un conseil de guerre.

J'exposai qu'en raison du petit nombre et de la fatigue de nos hommes, du manque de munitions et de l'étendue de l'arrondissement où on allait nous tourner, toute défense était impossible, et qu'il m'appartenait à moi, maire, de sauvegarder la vie, d'épargner le sang de mes administrés.... mon avis fut adopté.

Apprenant alors par un officier présent, que la fédération avait ordonné, pour retarder la marche des Versaillais, d'incendier le Luxembourg et l'Odéon, et qu'on allait y procéder, j'écrivis à la hâte les lignes suivantes :

DÉFENSE FORMELLE *d'incendier aucun monument public.*

Le délégué au Ve arrondissement,

P. TH. RÉGÈRE.

J'apposai le timbre et l'ordre remis au colonel Lisbonne, appuyé par un détachement du 248e fut porté à toute vitesse et eut son plein effet.

Huit personnes étaient présentes, notamment le colonel Blin, chef de la 5e légion, et ses officiers. Tous, à coup sûr, ne sont pas morts ; l'ordre se retrouvera, ou quelqu'un de ceux qui y ont obéi.

Je montai alors à cheval pour aller donner aux défenseurs des barricades extérieures l'ordre de rentrer, et faire connaître cet ordre au XIIIe arrondissement. C'est à ce moment que j'eus l'honneur d'entrer chez vous, et je pus m'assurer que la reconnaissance n'était pas un vain mot pour les âmes élevées.

Quelques minutes avant je venais de faire mettre en liberté, et reconduire chez lui sous escorte, le jeune et courageux vicaire de Saint-Séverin, arrêté par des gardes étrangers à l'arrondissement ; c'était la seconde fois, et cette fois-ci ce n'était pas sa liberté, mais sa vie peut-être qui était en danger dans un pareil bouleversement.

Sous les balles et les obus qui se multipliaient, nous fîmes le tour de notre arrondissement, et le treizième fut prévenu que nous ne pouvions plus résister.

Puis, regardant mes devoirs comme accomplis, je dus songer

à d'autres et impérieuses obligations : ma femme restée seule dans une maison voisine de l'Hôtel-de-Ville en flammes, et qu'on disait plein de poudre. Ce n'est qu'au prix des plus grands périls que je pus la rejoindre et la sauver.

En somme, j'ai la conviction d'avoir, jusqu'au dernier instant, rempli ma mission en honnête homme, en bon citoyen, en bon chrétien.

Le V⁰ arrondissement est le seul où, dans ces jours néfastes, pas une maison n'ait été la proie du feu et je puis dire en toute vérité que j'ai sauvé un quartier que j'aime, empêché ou abregé une lutte horrible et ménagé, autant que je l'ai pu, le sang et la vie des pauvres administrés qui s'étaient confiés à moi.

Quant au palais du Luxembourg et à l'Odéon qui appartiennent au VI⁰ arrondissement et qui étaient voués aux flammes, je les avais fait occuper par des hommes sûrs, pris dans mon bataillon. Ils ont ainsi échappé au pétrole, et ce sera l'honneur de mes fils de dire que c'est à leur père qu'est dûe leur conservation.

Quoi qu'il arrive donc, je me présenterai le front haut, la conscience tranquille. Et si l'on me frappait, je ne serais pas le premier qui aurait été victime de l'accomplissement de devoirs sacrés.

D. TH. RÉGÈRE.

Au dépôt de la préfecture, le 24 juin 1871.

M. SANSAS

AVOCAT

Député de la Gironde, à l'Assemblée de Versailles.

. . . .
. . . .

Les débats vont s'ouvrir *lundi*, on va pouvoir faire entendre la vérité à l'endroit de cette pauvre *Commune* de Paris, si méconnue, si calomniée.

J'ai eu, dans ces jours agités à y représenter la Gironde, sans autre mandat, il est vrai, que celui des électeurs parisiens.

Ceux qui ont été les témoins de mes actes, diront que je suis resté digne de mon pays, de ses sentiments de générosité et de patriotisme.

Fils du peuple, je ne suis pas le descendant de ces hommes qui ont illustré la Gironde en 92. Mais, le même sang coule dans mes veines et, si je leur suis inférieur par le talent et la position, je prouverai qu'on peut au moins les égaler par le courage et le dévouement à la sainte cause de la République.

Adieu, continuez-moi votre chère amitié.

D.-TH. RÉGÈRE

A M. A. REY

Ancien représentant du peuple, Paris.

J'ai conservé, Monsieur, un excellent souvenir des courts rap-
ports que nous avons eus à l'Union, et je suis sûr que vous-
même m'avez peu reconnu dans les *racontars* que l'on s'est
plu à faire à mon sujet.

Votre haut sentiment de justice vous fera comprendre combien il importe, en un pareil moment, que chacun reprenne sa
vraie physionomie. J'adresse, — dans quelques lignes rapides
à notre ami M. Dupont de Bussac, mon défenseur, dont le nou-
veau domicile m'est inconnu, — une sorte de profession de
principes qui résument les trente années de ma vie politique et
sociale.

Je vous prie de la lui faire tenir, après en avoir pris pour
vous, monsieur, ce que l'on en peut dire dans le seul intérêt de
la vérité.

Recevez, je vous prie, l'expression de mes sentimens les plus
respectueux,

D. TH. RÉGÈRE,

Ancien maire du 5° arrondissement,
membre de la Commune.

Prison de Versailles, 28 juillet 1871.

MON CHER AVOCAT,

L'homme que vous allez défendre, vous doit sa profession de
foi.

La voici, en deux mots : Démocrate et Catholique.

Quelque chose, moins le talent, comme un Keller socialiste
ou un Veuillot républicain.

Ne séparant jamais la foi religieuse de la foi politique qui,
chez moi, sont plus que sœurs puisqu'elles forment une même
croyance, née à ma première jeunesse.

Beaucoup plus égalitaire que libéral et regardant comme des axiomes les propositions suivantes qui résument ma doctrine :

A Il n'y a de liberté vraie qu'entre égaux.

B La liberté n'est pas un principe, mais une conséquence.

C Ayez l'Egalité, vous aurez la liberté par surcroît.

D Le terme moyen de notre dogme contient, implique forcément les deux autres. Ils n'existent pas sans lui.

Non que je veuille l'*égalité absolue*, une impossibilité, ni l'égalité *morale* de Vacherot, une pure entité. Mon égalité est celle qui assure l'*indépendance de position*, celle qui, par le travail, garantit l'indépendance du citoyen, l'entière liberté du vote.

Vous n'avez rien encore de pareil ; votre électeur est *dépendant*, votre suffrage universel illusoire est menteur.

Je suis d'ailleurs ennemi de tout socialisme d'école, anticommuniste, individualiste décidé et trouvant que nous sommes déjà trop associés.

Partisan dévoué de larges réformes sociales qui respecteront l'individu et la propriété.

Attendant ces réformes d'*en haut*, c'est-à-dire d'un gouvernement intelligent et honnête.

Les obtenant *toutes* par une meilleure et plus juste répartition de l'impôt, sans révolution aucune.

Tenant pour établi : qu'il n'est pas d'Etat durable, possible sans une religion quelconque.

Que le matérialisme, l'athéisme sont les symptômes de dissolution pour les Etats.

Que la *morale philosophique*, suffisante pour quelques esprits, est bien loin, si elle y parvient jamais, de pouvoir remplacer la foi chez les nations.

Que l'action du prêtre est d'autant plus grande qu'elle est moins dépendante de l'Etat, et plus renfermée dans son domaine propre.

Enfin que, si nos enfants des campagnes n'avaient pas le lien

religieux, nos paysans de 15 ans seraient de jeunes voleurs —
et les filles... des filles.

Ma vie a été l'application de ces idées et mes fils ont été éle-
vés dans cette double foi :

Dieu et le peuple.

D. TH. RÉGÈRE.

Prison de Versailles, 27 juillet 1871.

A M. THIERS

Historien, membre de l'Académie, ex-membre du Corps législatif.

Ces lignes, avec les enseignements qu'on en peut déduire,
ne sont pas écrites pour le chef du pouvoir exécutif, dont je re-
connais, avec tous, le haut mérite et la grande situation.

Elles s'adressent seulement à l'homme qui, il y a un an était
aussi honni, aussi poursuivi, aussi calomnié que nous.

A l'orateur courageux auquel je serrais la main, au nom de
mes amis, pour l'encourager dans la lutte splendide qu'il sou-
tenait presque seul contre un gouvernement affolé et une masse
furieuse.

Je vois encore la bande du *Figaro* et des journaux bonapar-
tistes se former au boulevard pour aller brûler votre maison et
peut-être son contenu. Vous étiez alors, monsieur, l'ennemi, le
Prussien, le salarié de Bismark, à peu près comme nous aujourd'hui.

Qui sait, — si vous ne nous fusillez pas, — le sort qui nous
attend plus tard ?

C'est donc devant l'*historien seul* que je veux, en peu de
mots, défendre notre *innocente* Commune, et non devant le roi
sans couronne, mais aussi sans constitution, qui, malgré sa
maxime, *règne* et *gouverne* à Versailles.

La nature de mes actes comme maire, ma situation peu char-
gée à la Commune me donnent un droit particulier à la défendre ; mais j'ai, en outre, un titre spécial que vous ne récuserez
pas.

Je suis cet ami de Jules Simon, ce jeune homme blond et intelligent (ce sont vos paroles au Corps législaiif) qui, le 4 septembre, vous suggéra l'idée, *adoptée par vous* et par les membres présents, de traiter avec les hommes de l'Hôtel-de-Ville, et de donner à ce gouvernement improvisé une sorte de sanction parlementaire, et de quasi-légitimité.

Les hommes de génie qui avaient pris le pouvoir — pour en faire ce que vous savez, — refusèrent.

Cela prouve au moins que je ne suis ni un sectaire, ni un fou. J'ai 55 ans. — Je suis né le 15 AVRIL, le même jour et sous le même signe que vous, comme vous proscrit du Coup d'État; je n'ai pas été plus écouté à la Commune que vous ne l'étiez au Corps législatif.

Quels augures! — si je ne renonçais à jamais à la vie politique! Et quelle chance ouverte de vous succéder un jour.

J'aborde les *crimes* de la Commune, et d'abord sa raison d'être. La voici en deux mots :

Nous avons cru, nous les auteurs ou les fauteurs du 4 septembre, nous avons cru la République menacée. Ne cherchez pas ailleurs la cause de la formation de la Commune, l'explication de ses actes.

Nous sommes-nous trompés?

Il se peut que, par de loyaux efforts, vous fassiez vivre cette chose que vous appelez République.

Sera ce là cette république démocratique, corollaire du suffrage universel, tendre au travailleur, au prolétaire et au pauvre que nous avions rêvée, et dont l'heure est venue? — Non certes.

Sous le nom de *République*, vous allez constituer et consolider les intérêts bourgeois: — quelque chose comme la République de Venise, moins la grandeur.

Ou plutôt (*car il n'est pas de république sans républicains*) quand vous aurez fait votre œuvre, vous serez écarté par des hommes habiles qui vous laisseront l'odieux du traité prussien et de Paris bombardé.

Ecoutez ce conseil d'un adversaire : Rappelez-vous l'impopularité de 1870 et gardez-vous d'un prochain retour des choses.

On nous reproche d'être les continuateurs, les plagiaires de 93 ?

Hélas ! quelques-uns de nous étaient, il est vrai, de l'Ecole Conventionnelle ; — mais ils s'arrêtaient à 92. — Peut-être eussent-ils condamné le roi, mais ils ne l'eussent pas laissé exécuter.

Ils brûlaient l'échafaud, et n'ont pas, en deux mois, décrété ou sanctionné un *seul arrêt* de mort. Bien qu'une décision prise au début, rendit cette sanction indispensable en matière d'exécution capitale.

Manquant d'argent toujours et pour tout, ils n'ont pas émis les 250 millions de titres d'un emprunt qui était bien à la commune de Paris. Et en deux mois ces *pillards* ont retiré QUINZE MILLIONS de la Banque, soit 250,000 fr. par jour, — juste ce qu'il fallait pour la solde des gardes nationaux.

Quel est donc le gouvernement qui eût montré cette réserve ? Est-ce celui de l'empire, qui débuta par cent millions ? Est-ce même le vôtre ?

Je ne connais de nos jours, cher et grand historien, qu'un seul représentant de 93, et c'est vous.

Vous, le républicain de 1825, qui avez été presque le contemporain de ces hommes et qui, seul, avez hérité de leur audacieuse énergie. Quel autre que vous aurait conçu l'idée de concentrer les forces de la France pour cerner, bombarder une ville de 2 millions d'hommes, la capitale du pays.

Henri IV avait reculé, et son droit était entier. Il avait négocié lui, LE ROI. Vous, sans même avertir, vous avez écrasé et brûlé. Et si vous parlez des cruautés des derniers jours, on vous répondra que vous ne sauriez les reprocher à la Commune, qui, en fait, n'existait plus les 23 et 24 mai. Je crois avoir présidé la dernière séance, vers le 19 ou le 20.

Elle est aussi innocente des horreurs qui ont flétri sa cause que des faits du 18 mars où elle n'était pas encore née, et où, laissez-moi vous le dire, l'attitude des hommes du 4 Septembre eut pu avoir plus d'énergie au début.

Vous allez trouver, Monsieur, que tout cela est bien hardi. Votre cœur vous dira que ce libre langage est un *minimum* permis à celui qui, après avoir été un admirateur, est aujourd'hui un adversaire vaincu.

D. Th. Régère, de Bordeaux.

Prison de Versailles, 2 août 1871.

Paris, le 4 juillet 1871.

Monsieur,

Je n'ai point oublié la courtoisie et l'empressement avec lesquels vous avez accueilli, sans que j'eusse d'autre titre que celui d'ancien proviseur de vos enfants, la demande d'intervention que je vous ai faite en faveur de M. Chevriaux. mon successeur au lycée de Vanves, violemment interné par l'ordre du général Eudes. J'ai été vivement touché des paroles de sympathie, d'espérance et des promesses de concours que vous m'avez autorisé à porter à sa famille désolée.

J'ai éprouvé aussi une heureuse impression et gardé le meilleur souvenir des dispositions favorables que, dans les courts entretiens que j'ai eus avec vous vous avez manifestées pour les lycées et les écoles de l'Etat que vous aviez à cœur, m'avez-vous dit, de protéger comme délégué à la mairie, dans l'exercice de leur enseignement, la régularité du service et la sécurité de leur personnel.

Vous m'avez également témoigné de votre réprobation des actes de violence que des gens de désordre venaient d'exercer dans l'église Saint-Jacques et une école religieuse du quartier. Vous avez blâmé sévèrement cette violation de la liberté de conscience et des cultes et paru résolu à en prévenir le retour.

Le 5e arrondissement que je n'ai pas quitté pendant la tourmente et où ne manquaient certes pas les ferments des plus mauvaises passions, a été l'un de ceux qui ont éprouvé le moins de désastres.

. . . .

Veuillez agréer, Monsieur, l'expression de mes sentiments distingués.

B. JULLIEN,

Recteur honoraire, commandeur de la Légion-
d'Honneur, rue des Feuillantines, 67.

A mes fils GASTON ET GONTRAN

Vous avez vu le père à la Commune remplir les devoirs que lui imposait un libre et honorable électeur.

Vous l'avez suivi à sa mairie, où il administrait une excellente et nombreuse population. Vous savez s'il a manqué jamais à sa mission d'humanité et de protection de tous.

Hier, vous l'avez trouvé devant ces grandes assises de Versailles, où il a, pour juges ses adversaires et ses vainqueurs mêmes.

N'ayez crainte ni regret.

Quel que soit le résultat, votre honneur n'aura rien à souffrir de ces faits de la vie de votre père, et vous pourrez, un jour, les raconter sans rougir à vos fils.

Lisez l'histoire; — elle vous dira :

Que la persécution et le martyre ne peuvent rien contre une cause juste ;

Que c'est la première et seule fois qu'un mouvement fondé et pacifique, à Paris, n'ait pas été suivi par le pays entier ;

Que la justice du peuple et de la postérité, pour être tardive, n'en est pas moins certaine.

Je vous envoie les baisers que je n'ai pu vous donner hier; — Traasmettez-les à votre aîné Henry, dans l'exil, où le suit mon affection profonde.

D. TH. RÉGÈRE.

Paris. — Assoc. générale typogr., Faub.-St-Denis, 19. — Rodière et Cᵉ.

9 782014 434026